Alles für die Katz!

UND WEITERE
GESCHICHTEN MIT CHARME
UND IN GEDICHTEN

HORST RADKE

Impressum:

Titel: Alles für die Katz! Und weitere Geschichten mit Charme und in Gedichten
Autor: Horst Radke
E-Mail: atelier@apropos-poesie.de

Lektorat: Susanne Radke, Miriam-Celine Radke, Benjamin Radke

Herstellung und Verlag:
BoD - Books on Demand, Norderstedt
ISBN: 9783839185520

Bibliografische Information der Deutschen Nationalbibliothek: Die Deutsche Nationalbibliothek verzeichnet diese Publikation in der Deutschen Nationalbibliografie; detaillierte bibliografische Daten sind im Internet über www.dnb.de abrufbar.

Inhaltsverzeichnis

Meiner Familie

2017

Am Anfang jedes Buches steht

um was genau im Buch es geht.
In diesem geht es um die Katz –
sie lauert schon am nächsten Platz –
und dann um „weitere Geschichten,
mit Charme und [alle] in Gedichten".
Das heißt, was jede Seite füllt –
ist stets in Vers und Reim gehüllt.

„Weshalb gereimt, warum der Vers?
Sind beide heute nicht ‚pervers' –
veraltet, förmlich übertrieben?" –
Für Menschen, die Gedichte lieben
vermutlich nicht, da diese Form
sie anspricht, manchmal ganz enorm.

Zudem: Der Reim an sich hat Witz,
er führt zu manchem „Geistesblitz",
er klingt ein Stück wie Dialekt,
der selbst nicht schreckt, wenn er „derbleckt".
Er spricht zudem Gefühle an,
wie sonst man 's kaum bewirken kann.

Jedoch – die Theorie ist grau –
wie auch die Katz des Nachts genau!
So soll der Rede Fluss versiegen –
was folgt, erfreue! – „Viel Vergnügen!"

Alles für die Katz

Zur Apotheke kam ein Paar,
das dort noch nie gewesen war.
Die Frau war gänzlich außer sich,
dieweil ihr Mann, rein äußerlich …

… recht ruhig wirkte und entspannt.
Die Frau, die an der Tür noch stand,
erst stumm und starr, Sekunden lang,
und atemlos nach Worten rang, …

… trat kurz darauf zum Thresen hin
und sprach zum Apotheker: „Bin
ich richtig hier denn wohl am Platze?
Es geht um meine kranke Katze, …

… um Medizin für sie, ein Mittel." –
Der Apotheker, der den Kittel
schon auszog – schließlich war 's bald Nacht,
die Kasse war bereits gemacht …

… mit Blick aufs Öffnungszeitenende –
hebt irritiert zunächst die Hände
und fragt, was die Symptome seien,
und sucht dann eilig nach Arzneien, …

8

… nachdem die Frau ihn instruierte,
woran die Katze laborierte.
Er reicht ihr diese, nennt den Preis.
Die Frau fragt, ob er sicher weiß, …

… dass diese Mittel wirklich auch
vertragen würd' der Katze Bauch. –
Da sprach ihr Mann: „Nun nimm 's schon,
Schatz,
hier ist doch alles für die Katz!"[1]

*****

1 Dieser Witz stammt von einem Apotheker.

Gott Vater ...

... saß auf seinem Thron
inzwischen seit Äonen schon.
Allmählich wurd die Zeit ihm lang.
Er rief nach Petrus. Frei und frank
kam der herbei, ein rascher Blick,
schon fragt' er, wo der Schuh denn drück'.

„Ganz ehrlich, Pitt, ich halt 's nicht aus,
ich glaub', ich muss hier echt mal raus!"
So klagte Gott entnervt sein Leid.
Da wusste Petrus gleich Bescheid
und riet, dass mittels einer Reise
„sich Gott mal selbst die Gunst erweise".

„Wie wär' 's mit einem Flug zum Mond –
ich hörte, dass der Trip sich lohnt?"
so fragt' er. – „Keine Atmosphäre",
sprach Gott, „da gibt 's doch nichts als Leere."
„Das stimmt!" – Da eben Tag es werde:
„Wie wär' 's statt dessen mit der Erde?"

„Um Himmels willen!" stöhnte Gott,
„da steig' ich lieber aufs Schafott.
Zweitausend Jahre ungefähr ...

… ist das inzwischen zwar schon her,
da kannt' – in Nazareth genau –
ich damals eine junge Frau.

Und wie die Dinge nun mal sind,
bekam sie kurz darauf ein Kind.
Es konnte nicht von Josef sein,
und jemand sprach, es ‚wäre' mein.
Und bald schon glaubten 's viele Leute
und ziehen drüber her – noch heute!"[2]

Wunder-Bar

„Verkehrskontrolle – Polizei" –
so sprach der Schutzmann frank und frei.
„Zunächst mal bitte die Papiere!"
fügt er hinzu. Ihn interessiere
zudem, ob denn der Fahrer wohl
ein Quantum trank an Alkohol.

Der Fahrer, seines Zeichens Pfarrer,
sah auf – sein Blick, er wurde starrer –
er zürnte gar und schimpfte: „Nein!
Was bilden Sie, mein Herr, sich ein?!"
Der Schutzmann aber meinte, doch,
dass irgendwie nach Wein es roch …

… und zeigte dabei auf die Tasche
im Fußraum, darin eine Flasche –
sie ragte noch ein Stück heraus.
Dem Pfarrer machte das nichts aus:
In der, da würd' nur Wasser sein,
er füllte selbst es morgens ein.

Dann reich' er ihm die Flasche doch!
Und dann, nachdem an der er roch,
war ihm, dem Schutzmann, sonnenklar, …

… dass Wasser nicht der Inhalt war.
Er gab die Flasche zwar zurück
doch meinte er, mit ernstem Blick:

„Herr Pfarrer, nun gesteh'n Sie 's ein,
das ist doch Wein – ein Spitzen-Wein! –
Ich kenne mich da nämlich aus,
ein Weingut liegt bei mir vorm Haus."
Da sprach der Priester mit Bedacht:
„Mein Gott, er hat 's noch mal gemacht!"[3]

*****

Vorsorglich

Ins Krankenzimmer kam ein Mann
und trat ans Krankenbett heran –
sein Kittel sauber, blütenweiß.
Der Kranke glühte Fiebers heiß.
Da fragte jener nebenbei,
wie groß er, der Patient, wohl sei?

„Ein Meter achtzig müssten 's sein",
räumt dieser, kraftlos flüsternd, ein,
und schließt, sehr matt, die Frage an:
„Warum, Herr Doktor, liegt was an?"
Die Antwort: Doktor sei er keiner. –
„Ach nein?! – Wer sei er dann?" –
„Der Schreiner!"

*****

Tolerant

Ein Mann, um vierzig Jahre alt,
war äußerst schwach und starb wohl bald.
An seinem Bett, am Rand genau,
saß schweigend seine Ehefrau.

Da sprach der Mann, er müsst' gestehen,
er habe gern sie angesehen
und ihren schlanken Leib begehrt,
jedoch auch andere Frauen beehrt.

Schon eingangs wand die Gattin ein,
er bräuchte nichts zu sagen, nein!
„Ich muss es", widersprach der Mann,
„damit ich friedlich sterben kann.

Ich zählte selten zu den Braven
und hab' mit Babs und Kim geschlafen,
mit deinen Schwestern, und mit Mo
und Deiner besten Freundin Bo."

„Das weiß ich doch", sprach da die Frau,
„seit gestern Mittag schon genau.
Doch streng' Dich, Liebling, nicht so an,
dass lang das Gift noch wirken kann!"

Glück gehabt

Drei Tiere, jedes stark und jung,
sie mussten jüngst zur Musterung.
„Drei Tiere? Welche? – Rät es wer?"
Es waren: Hase, Fuchs und Bär.
Am liebsten wären sie entflohen,
doch würde dann Bestrafung drohen.

Auch bot sich an als Ausweg schon
die „Automutilation!" [4]
So sprach der Fuchs: „Ich brenne knapp
den Schwanz mir unterm Steißbein ab.
Denn schließlich ist doch ohne Schwanz
ein Fuchs kein echter Fuchs mehr ganz."

Gesagt, getan. – Der Hase sprach:
„Dann schneid' auch ich mir noch gemach
die Löffel ab, kommt ohne Ohr
kein Hase doch im Felde vor."
Und so geschah 's. – Da brummt' der Bär,
dass „zahnlos" er kein echter wär'
und brach sich zu der ander'n Graus
mit Krachen Zahn für Zahn heraus. –

_____

[4] Selbstverstümmelung

Schon kamen sie vom Test zurück.
Der Fuchs, er lachte laut vor Glück:
„Die höhnten, ohne einen Schwanz,
da sei ein Fuchs kein Fuchs doch ganz."

Der Hase sprach von Herzen froh:
„Die meinten, nein, das lief' nicht so;
ein Hase hätte ohne Ohren
im Ernstfall nichts im Feld verloren." –
Gequält war nur des Bären Blick:
„Schi meinten bloosch, ich schei schu dick!"

*****

Golf

Zwei Freunde trafen sich nach Jahren,
in denen sie im Ausland waren.
Der eine kam aus Afrika,
der andere aus Kanada.

Sie sprachen über dies und das
und schlenderten durch grünes Gras.

Da fragt der eine: „Sag mal, Rolf,
in Kürze gibt 's hier ein Turnier –
Spielst Du nicht auch seit Jahren Golf –
ich mach' da mit. Wie wär' 's mit Dir?"

Der Freund schaut auf und meint perplex:
„Wo denkst Du hin – ich hab' noch Sex!" [5]

*****

_____

5 Ein Reim auf die bekannte mokante Frage: „Haben
Sie noch Sex, oder spielen Sie schon Golf?", mit der
man sich jeden Golfer auf Anhieb zum Freund macht.

Klingeling

Mitunter schafft man dann und wann
sich dies und das und jenes an.
So kam der Vater jüngst nach Haus
und packte gleich ein Kästchen aus,
darin ein smartes Telefon –
mit Bildschirm und mit Mikrophon.

Besonders war nun an dem Ding:
Es machte jeweils: „Klingeling“
als Zeichen gleichsam, als Signal,
sobald, und das war genial,
es jemand heimlich lügen hörte,
woran ansonst sich niemand störte …

… getreu dem Motto: „Niemand heiß
macht Lug, so lang es niemand weiß.“[6]
Da nun den Vater interessierte,
was dieses Teil so detektierte,
da fragt den Sohn er frank und frei,
wo er des Tags gewesen sei.

„Of course“, sprach da der Knabe ‚cool‘
auf Englisch: „I have been at school“, …

---

6 In freier Abwandlung des Spruches: „Was ich nicht
weiß, macht mich nicht heiß.“

… derweil er ‚echt' ins Kino ging.
Und schon ertönt ein: „Klingeling".
Da sprach der Vater: „Lieber Sohn,
Du ahnst es jetzt wohl selber schon, …

… dass dieser Schuss daneben ging.
Sobald man lügt, macht 's ‚Klingeling' –
das Ding hier kann Gedanken lesen
und zeigt: Du bist im Film gewesen?!"
Jedoch der Knabe dachte schlicht:
„So 'n ‚fake', so 'n Teil, das gibt 's doch nicht!"

„Und was genau hast Du gesehen?"
fragt Vater nun im Weitergehen.
„Toscana – Infos zu Livorno!" –
„Na?" – „Klingeling" – „Es war ein Porno!
Als ich in Deinem Alter war",
stellt ernsten Blicks der Vater klar, …

„… da sah ich, wenn 's ins Kino ging,
nur Jugendfilme." – „Klingeling!"
Die Mutter lacht: „Du Unschuldslamm –
der Apfel fällt nicht weit vom Stamm.
Er ist das Kind, das ich empfing
von Dir, mein Liebling!" – „Klingeling!"

Drei Ärzte …

… stritten um die Wette
höchst engagiert am Krankenbette.
Es ging darum – das nebenbei
bemerkt – wer just der Beste sei
als Facharzt in der Chirurgie.

„Ich bin", sprach einer, „ein Genie!
Ich habe einem Pianist,
und zwar in äußerst kurzer Frist,
der Finger sieben angenäht.
Die hatte, wie es manchmal geht,
sie sich beim Sägen abgetrennt.
Und noch als Rekonvaleszent
gewann, in Frankfurt, wie man weiß,
als Künstler er den Jahrespreis."[7]

„Nicht schlecht", hob da der nächste dann,
auch er Chirurg und Facharzt, an,
viel besser sei doch aber da,
was seinem Patient geschah.
„Der fiel vom Fels, war ganz alleine …

---

7 „Klavierspieler des Jahres" – ein vom Bundesverband Klavier
e. V. anlässlich der Musikmesse in Frankfurt am Main im
zweijährigen Abstand verliehener Preis. Preisträger 2016:
Konstantin Wecker; Preisträger 2002 – man „lese und staune" –
der damalige Bundesminister des Inneren, Otto Schily.

und brach sich Arm nicht nur und Beine:
Ein scharfer Vorsprung riss ihm knapp
vorm Kniegelenk die Schenkel ab.
Es brauchte viele Stunden schon
gekonnter Operation.
Und dabei brachte ich dem Mann
die Schenkel samt den Füßen an,
so dass der weiterhin trainierte
und jüngst im Zehnkampf reüssierte."

Da sprach der Dritte nun: „Kollegen,
ich bitte, sich nicht aufzuregen.
Was Ihnen fachlich da gelang,
verdient Respekt – doch Gott sei Dank
hab' ich ein Resultat erreicht,
dem keines wohl der Ihren gleicht.
Und das geschah nun dergestalt:
Ein Reiter war frontal geprallt
auf einen schnellen Reisezug.
Was übrig blieb, war kaum genug:
Vom Mann das Haar – und sonst nur heil
war noch vom Pferd das Hinterteil.
Das war 's. Ich hab' es aufgepickt
und flugs zusammen dann geflickt.
Und was heraus kam, siehe da,
regiert zurzeit die USA."

Drei Männer ...

… traten aus der Bar,
von denen keiner nüchtern war.
Sie hatten abends gut gegessen
und ganz bei Bier und Wein vergessen,
dass sie, sobald sie etwas sagten,
die selben Schwierigkeiten plagten.

Sie stotterten. – Im Seemannsgang
nun schwankten sie des Wegs entlang.
Schon überholte eine Frau,
die blendend aussah, sie genau.

Da sprach der eine: „N-nicht verkehrt,
die F-frau wär' echt 'n-ne S-sünde w-wert."
„Das k-könnte w-wirklich laut man s-sagen",
vermocht' der zweite beizutragen.

„D-doch n-nicht f-für Euch, Ihr z-zwei, Ihr
L-luschen."
sprach Nummer drei. – Vorbeizuhuschen
gelang der Frau, doch sie hielt inne
und sprach, « une aventure »[8] im Sinne:

_____

8 französisch: (Liebes-)Abenteuer

„Ihr nennt mir jetzt, soweit bekannt,
ein jeder flugs ein Bundesland.
Und wer es ohne Stottern kann,
begleitet mich nach Hause dann."

Der erste meinte: „Ba-ba-bayern!"
Man ahnt 's, für ihn gab 's nichts zu feiern.
Der zweite sprach: „Thü-thü-ringen!"
und durft' die Nacht allein verbringen.

Da sah die Frau zum Dritten hin:
„Der kann 's wohl?!" kam ihr in den Sinn.
Und der ergriff das Wort auch bald
und sagte: „Sachsen –
A-a-nhalt."

*****

Im Himmel

Es war einmal ein Ehepaar,
das justament gestorben war.
Der Grund dafür war dergestalt:
Es war um hundert Jahre alt,
und schließlich wurd' die „Luft zu knapp",
so lief die Lebensuhr halt ab.

Das Paar, es war sich treu gewesen,
die Bibel hatt' es oft gelesen,
es lebte auch ansonsten fromm,
auf dass es in den Himmel komm'.
So fand es sich – von Hoffnung schier
erfüllt – vor ihr, der Himmelstür.

Es klopfte an, das Tor ging auf,
und Petrus kam in schnellem Lauf.
„Ja grüß Euch Gott", so japste er,
denn rasch zu laufen fiel ihm schwer.
„Ihr seid die Eheleute Schmidt,
nicht wahr? Dann kommt doch gern mal mit!"

„Ich zeig Euch Euer Domizil" –
er stolpert, beinah, dass er fiel,
doch lacht er nur: „Man fällt ganz weich, …

wir sind ja hier im Himmelreich!"
Sie kamen einer Villa nah
und Petrus sagte: „Schaut, voilà!

Am besten geh'n wir gleich ins Haus,
durch Raum für Raum, und dann hinaus.
Ich zeig Euch gern den Luxusbau,
der Euch gehört – ab jetzt genau."
Und zur Sekunde ward dem Paar
die Größe seines Glückes klar.

Was gab 's nicht alles: Partyraum,
die Sauna war ein Wellnesstraum,
ein Traum die Küche auch, und viel
gab 's Platz, und nur zu Zweck und Ziel –
das traute Pärchen zu belohnen –
es dürfe hier für immer wohnen!

„Und falls Ihr mögt, das wäre fein,
so ladet gern Euch Gäste ein.
Die Leute hier sind handverlesen
und lebenslänglich lieb gewesen.
Benutzt auch gern den Swimmingpool
den Strand am Meer, den Liegestuhl.

Und falls Ihr irgend etwas braucht,
genügt es, wenn Ihr 's flüsternd haucht.
Sogleich versorgt Euch die Johanna,
die heilige, mit Met und Manna.
Und wollt Ihr sonst was konsumieren,
so mögt Ihr gern auch das goutieren.

Und sollte irgendetwas fehlen,
so dürft Ihr 's keinesfalls verhehlen!
Ihr seid hier nicht im Burgverließ,
nicht wahr, wir sind im Paradies,
und Ihr könnt machen, was Ihr wollt,
und alle Engel sind Euch hold!"

Da sprach der Mann zu seiner Frau:
„Was war'n wir zwei doch ‚superschlau':
Wir hätten 's längst so haben können,
so schön, wie sie 's uns jetzt hier gönnen.
Nur wir, wir war'n ja ganz versessen
drauf aus, das Knoblauchzeugs zu fressen!"[9]

9 Dieses Gedicht erscheint ohne die freundliche Unter-
stützung der Nahrungsergänzungsmittelindustrie.

Zur Hölle

Und wieder war ein Paar verstorben.
Es lebte lebenslang verdorben
und ließ nur Mord und Totschlag aus.
Es schwelgte prall in Saus und Braus,
der Orgien – das nebenbei –
gab 's viele – Sex und Völlerei.

So stand es vor der Himmelstür,
die aufging, kurz. „Was wollt Ihr hier?"
sprach Petrus eisig. Schon auch knallte
die Tür er zu, dass laut es hallte. –
Da schlenderte der Teufel frei
und quietschvergnügt des Wegs vorbei.

Der Mann, er schimpfte grade: „Shit!"
Da sprach der Teufel: „Kommt mal mit!
Ich zeig' Euch kurz mal auf die Schnelle
mein ‚Reich der Finsternis', die Hölle –
wobei, das nehmt nicht ganz genau –
das Wort stammt aus der Horrorschau!"

Der Weg war kurz und leicht erreicht
das Ziel. Der erste Eindruck gleicht
exakt dem Paradies der Schmidts …

… von eben oben: „Nee, ein Witz?!"
entfuhr es irritiert dem Paar.
Der Witz nur war: Der Witz war wahr!

Der Teufel, der sie keck beäugte
und dann auf See und Bergwelt zeigte,
der sprach: „Ich bin jetzt sehr gemein:
Das alles soll die Hölle sein –
für Euch, für immer!" – „Na, ein Traum?!"
Das Paar verstummte, glaubt' es kaum.

„Ja aber", sprach alsdann der Mann,
nachdem er wieder sprechen kann,
„ich dachte doch, da wär' es heiß
und furchtbar, und der Sünden Preis
für Leute, denen, ständig gar,
die Ethik ganz entbehrlich war."

Da sprach der Teufel: „Ach, ich seh',
wo Euch der Schuh drückt. Kommt, ich geh'
voran und zeig Euch mal die Stelle,
von der Ihr denkt, es sei die Hölle."
Sie stiegen Stufen nicht zu knapp,
sehr viele, viele, tief hinab …

… und sahen eine Eisentür.
Der Teufel sprach: „Das ist es hier,
was Ihr wohl meint." Die Tür ging auf.
Und drinnen hockten ganz zuhauf
gequälte Leiber in der Glut
des Feuers, und sie schwitzten Blut.

Man seufzte, stöhnte, ächzte, weinte,
dieweil man zu verglühen meinte,
der ganze Raum ein Höllenfeuer,
beständig lodernd, ungeheuer.
Und niemand kam der Hitze aus –
und schon der Anblick war ein Graus!

Der Teufel fragte: „Ist es das?
Die Qualen – ohne Unterlass –
für ewig unbegrenzte Fristen?
Das ist die Hölle – für die Christen!"
und grinst dabei noch schadenfroh:
„Die sind so schräg – die wollen 's so!"

*****

Der alte …

… tat sich längst schon schwer,
ein neuer Trecker musste her.
Der Bauer hatte viele Kälber,
doch wusch er seinen „Tesla" selber,
so dass mit Recht man sagen kann:
Er war nicht reich, der brave Mann.

So ging er eines Tags zur Bank
und sagte eingangs frei und frank
zum Leiter seiner Filiale,
er bräucht' Kredit. Das ganz banale
Prozedere verlief normal,
bis kurz vor Schluss – weil da fatal …

… es galt: Er sollte unterschreiben –
den Antrag. „Nö, ich lass' das bleiben",
sprach barsch der Landmann zum Direktor.
Der kam sich eingangs wie „derbleckt" vor
und meinte dann, es gäb' kein Geld,
für den, der keinen Antrag stellt.

Er mög' doch keinen Unsinn treiben
und flugs den Vordruck unterschreiben.
Der Bauer meinte: „Gott sei Dank …

… gibt 's hier im Ort ja noch 'ne Bank.
Dann hol' ich eben da das Geld,
wenn Ihr Euch derart stur anstellt.“

„Auch da musst Du dann unterschreiben!“ –
„Nee nee, das lass' ich schön mal bleiben.“
Und schon erschien der Bauer frank
und frei bei ihr, der ander'n Bank.
Vermutlich ist uns allen klar,
wie dort zunächst der Ablauf war.

Jedoch am Servicepoint der Mann,
der clever war, ging 's anders an.
Er eilte rasch zur Vorratskammer,
entnahm aus der den Vorschlaghammer,
mit dem er, was er keck sich traute,
dem Landmann auf den Schädel haute.

„Und da jetzt bitte unterschreiben!“[10]
Der Bauer ließ es weiter bleiben.
Und so bekam er nicht zu knapp
die nächsten Hammerschläge ab, …

––––––––––––
10 Der guten Ordnung halber sei angemerkt, dass diese
„Abschlussmethode“ in Bankenkreisen nicht üblich ist.

32

… wobei es nicht bei vieren blieb –
bis schließlich doch er unterschrieb.

Der Trecker wurde angeschafft –
ein Riesenteil mit Riesenkraft.
Der Bauer pflügte Feld um Feld
und zahlte flugs zurück das Geld.
Des einen schönen Tages dann
traf ihn der Bankdirektor an …

… der ersten Bank: „Du warst mal Kunde
bei mir und drehst jetzt hier die Runde –
ich staune" – traurig schien die Miene –
„mit einer teuren Zugmaschine."
Der Bauer meinte: „Klar, das Geld,
das hat die and're Bank gestellt."

„Dann ist Dir keine Wahl geblieben,
dann hast Du doch noch unterschrieben?!"
„Na klar!" – „Warum dann nicht bei mir?"
Der Bauer sprach: „Das lag an Dir!
Du hast, das hat mich sehr gestört,
das Ganze nicht so gut erklärt."

Gottes Katze[11]

Gott Vater saß auf seinem Thron
fast regungslos seit Jahren schon.
Auf seinem Schoße lag die Katze.
Sie leckte sich die linke Tatze,
erst vorn, die hinten, dann die rechte,
erst vorn, und wie man 's ahnen möchte,
die hinten auch, und fing alsdann
erneut von vorn zu putzen an.

Dazwischen schleckte sie reell
gefühlte Stunden lang ihr Fell –
mal intensiv, mal auf die Schnelle,
an praktisch jeder Körperstelle
mit ihrer rauen Zunge ab.
Schon sank Ihr Köpfchen sanft hinab,
sie rollte ihren Schwanz noch ein
und schlief – und schien wie tot zu sein.

Und Petrus sah in aller Ruh'
zunächst entspannt und lange zu.
Dann ging er erst im Kreis herum.

_____

11 Katzenliebhabern könnte es schwerfallen nachzu
vollziehen, worin denn im Folgenden der Witz liegt.

Doch schließlich wurd es ihm zu dumm
und er begab zum Niedrigpreise
sich flugs durchs All auf eine Reise.
Er eilte durch die Galaxien,
sah Sterne werden und verglühen …

… und streifte auf dem Weg zurück
die Erde noch mit einem Blick.
Höchst aufgeregt kam er sodann –
er schnaufte schwer – im Himmel an:

„Oh Herr, so hilf ihr doch, mein Gott,
die Erde, sie zerfällt zu Schrott." –
„Wie könnte ich mich jetzt erheben?" –
sprach Gott, „das Kätzchen schläft doch!" –
„???" – „Eben!"[12]

*****

---

12 Welche(r) Katzenfreund(in) brächte es übers Herz,
ein auf seinem (ihrem) Schoß schlafendes Kätzchen
aufzuwecken? – So grausam kann kein Mensch sein!

Im SUV

So Manche(r) sitzt inzwischen schon
auf einem ziemlich hohen Thron
und fährt per Auto stets im SUV
behäbig wie die „Ma' vom P…"

… getreu dem Grundsatz: „Ich bin hier
der Größte – also weg mit Dir,
Du störst, Du lahmer Vordermann –
mach' Platz und schließ' Dich hinten an!

Denn meiner Massen angesichts
zählt Deine Vorfahrt eins nur: Nichts!
Und wenn ich 's will, dann geb' ich Gas,
und was ich aus dem Auspuff blas', …

… das geht vielleicht den Hintermann,
doch mich, den Fahrer, wenig an.
Mit meinem Super-Protzer-Brocken,
da kann ich hübsch die Zwerge schocken, …

… und das ist mir den Liter wert,
den dieses Teil wohl mehr begehrt,
na klar, pro hundert Kilometer.
Doch fahr' ich nicht, natürlich, steht er …

… beim Parken meist auf zwei'n der Plätze,
dieweil ich gern mich mal verschätze.
Na und, was soll 's, das Ding war teuer,
und außerdem, ich zahl' ja Steuer.

Und falls ich mal ein Kind touchierte,
wobei das ja nicht oft passierte,
dann ist das leider kurz und schlicht
fürs Kind, das umfällt, kein Gedicht.

Doch schließlich soll er mir ja nützen,
mein Wagen, und mich selbst beschützen.
Und Mensch und Umwelt, sag ich frei,
die geh'n mir glatt am Steiß vorbei.

Und meint jetzt wer, ich müsste rein
rektal vom Darm der Ausgang sein,
so widerspräche ich ihm harsch:
Ich bin kein Loch, ich bin der …..!"[13]

––––––––––

13 Dieses zugegebenermaßen pointierte und mit
Sicherheit nicht zu verallgemeinernde Gedicht wurde
durch die Ausgabe der ZDF-Sendung „Die Anstalt"
vom 7.3.2017: „Autohass von Wagner" angeregt.

Der Toni[14] …

… stand vorm Dom zu Rom –
Verzeihung, falsch: am Kölner Dom,
und machte ordentlich Krakeel.
Er rief, sein Freund aus Köln, der Scheel,
der spränge gleich ‚von wo' er sitze,
von oben von des Turmes Spitze,
mit einem riesengroßen Satz
herunter auf des Domes Platz.

„Ich selber fang ihn im Verlauf
des Sturzes dann hier unten auf,
und wer das jetzt nicht glauben kann,
der schau' sich 's gern sogleich mal an." –
Schon bildeten sich große Trauben
von Menschen. Doch den wahren Glauben,
dass solcherlei gelingen kann,
verlor sogleich ein braver Mann.

Er trat an Tünnes Seite hin:
„Kam Euch denn jemals in den Sinn …

---

14 In Köln besser bekannt als „Tünnes". In beiden
Fällen handelt es sich um die Kurzform des
männlichen Vornamens Anton oder Antonius.

… da Ihr den Menschen fangen wollt,
dass Ihr dann selbst das Leben zollt?
Die Wucht des Aufpralls quetscht Euch zwei,
den Freund sowie auch Euch, zu Brei."

Da meint der Tünnes: „Danke, Mann,
doch keine Angst, da dacht' ich dran.
Ich fang' ihn erst im Sprungverlauf
nach ‚ein- bis zweimal Titschen'[15] auf."

*****

---

15 „titschen", regionale Mundart: auftreffen, wörtlich:
tauchen, eintauchen

Bill Gates ...

... besitzt wohl ein Chalet
im Schweizer Teil am Genfer See.
Er ging entspannt am Strand entlang,
als just er eine Flasche fand.
Er hob sie auf und goss sie aus,
und „Huiii!", da schwebt' ein Geist heraus,
der freundlich grüßte. „Lieber Freund,
der Du es gut mit mir gemeint" –
(der Geist, er stammt aus alter Zeit,
da sprach man echt so, tut mir leid) –
„Du hast der Wünsche einen frei,
egal wie groß – und was es sei."

Da sagte Bill: „Was nutzt mein Geld?
Es steht so schlimm um diese Welt,
in vielen Ländern tobt der Krieg:
Was ich mir wünsche, ist der Sieg
des Friedens, eines mit Bestand,
in jedem kriegsbeschwerten Land."
Der Geist nun kannte sich nicht aus,
so ging[16] man kurzerhand ins Haus ...

16 Eigentlich ging nur Bill Gates – da Flaschengeister
zwar viele Gaben, doch – nicht mal kurze – Beine
haben.

… und Bill entnahm dem Fach die Karte
der Welt, die dort der Nutzung harrte.
Er zeigte nun, so rasch er 's fand,
dem Flaschengeiste Land um Land,
und der sah zu mit großem Graus
und sprach: „Das sieht ja furchtbar aus.
Das sind im ‚Wünsch-Dir-etwas-Spiele‘
ja ganz gewaltig viele Ziele –
ich glaub' 's ja kaum, mich laust der Affe –
ich weiß nicht, ob ich das noch schaffe.

Und deshalb sag mir gern mal frei,
was wär' Dein Wunsch wohl Nummer zwei?"
„Nun ja, sprach Gates, was an noch steht
als zweiter Wunsch: dass ‚Windows geht‘
und immer das tut, was es soll
und jeder Nutzer sagte: ‚Toll!‘
Und dass die höchste Qualität
bei Microsoft im Fokus steht." –
Da sprach der Geist: „Ich weiß nicht – warte,
dann zeig' mir doch noch mal die Karte!"

*****

Bei Rot …

… passierte grad ein Mann,
die Ampel. Schon auch sprach ihn an –
nach Vorschrift streng – ein Polizist
und sagte kühl, was Sache ist:
„Sie zahlen in korrekter Höhe
die Strafe. Wenn ich richtig sehe",
er machte kurz sich nochmals schlau,
„macht 's zwanzig Euro ganz genau."

Der Mann stand da mit leeren Händen,
und bat, die Rechnung zuzusenden,
denn eben hätt' er in der Tat
an Bargeld nicht genug parat.
„Na gut, dann geben Sie mir an
den Namen – und die Anschrift dann."
„Rakliczykovski-Laslovic." –
„Sie heißen wirklich so – kein Witz?
Na gut, was soll 's, Sie dürfen geh'n –
für dies Mal hab' ich nichts geseh'n."

*****

What a pity

Es war einmal ein Präsident,
den nah man erst seit kurzem kennt.
Er war zuvor zwar auch schon da
und lebte in den USA.
Doch damals ging 's um Immobilien
und nicht um Zukunft, um Familien,
um Singles, Paare – die grad mehr
geschützt war'n dank „Obama-Care".

Nur dieser Mann, ich glaub', ich will
ihn „Trampel" nennen, hielt nicht still.
Er kam ins Haus, durchschritt die Tür
des „Oval Office". Eben hier
lief gleich die erste „Trampel-Schau" –
das Thema? – Weiß ich nicht genau –
de facto war 's wohl „Magerquark",
doch Trampel gab sich grimmig-stark.

Er schloss dann, schien 's, zu vieler Graus
zunächst mal viele Moslems aus.
Es sollte keiner, sollt' er 's sein,
ins Land der USA hinein.
Zum Glück nun gibt es die Justiz,
die fand, es sei ein schlechter Witz,

und wies zu vieler Menschen Glück
des Trampels „Dummdekret" zurück.
Das Trampel schimpfte schrecklich sehr,
und schoss nun auf "Obama-Care".

„Das mach' ich jetzt in jedem Falle
mithilfe meiner Leute ‚alle'!"
Doch Manche(r) sah den Unsinn ein:
Das dürfe nicht die Lösung sein!
Und folglich sagte kurz vor knapp
das Trampel noch das Votum ab.

Zuvor schon macht' er sich zum Aff'
mit: "very complicated stuff!".[17]
Und "at the latest now"[18] war klar,
wess' Geistes Kind sein Lehrer war. –

Als nächstes dürfte er sich trauen,
„the wall" gen Mexiko zu bauen
und schenkt zuvor noch „reinen Wein"
dem Dickwanst in Korea ein. –
Was denkt ein Bürger – by the way?
"Oh, what a pity[19] – USA!"

_____

17 „sehr komplizierte Materie"
18 „spätestens jetzt"
19 „Schade!"

Ein Cowboy ...

… ritt mit seiner Frau,
die just er freite, heim, genau
zu seiner Ranch in der Prärie.
Sein Pferd war etwas schwach im Knie,
dem hinten links, und folglich kam
zu Fall es, da 's die Kurve nahm.
Der Cowboy sprach ein Wort nur: „Eins!"
Das war schon alles, weiter keins.

Sie kamen bald an eine Brücke,
man sah sogleich beim ersten Blicke –
dem Akrophobiker[20] zur Qual –
sie überspannt' ein tiefes Tal.
Das Pferd – verständlich für die Leute[21] –
das eben deshalb etwas scheute –
dem zog der Cowboy kräftig, hart
die Zügel schmerzhaft an apart
und nannte nur, wie nebenbei,
das nächste Zahlwort, nämlich: „Zwei!"

Nach langem Ritte, stundenlang,
als müde schon, das Pferd nicht sprang, …

20 Akrophobie: Die (krankhafte) Höhenangst
21 für Akrophobiker also

45

… so wie 's der Cowboy gerne wollte,
weshalb nun dieser jenem grollte,
da sagte er ein Wort nur: „Drei!"
stieg ab und zog den Colt dabei
und schoss – er sah wohl gleichsam „rot".
Das Pferd fiel um, verstarb, war tot.

Da sprach die Frau: „Ja, muss das sein,
nun bleibt uns nur mein Pferd allein.
Und für ein neues Pferd, die Kosten,
die sind ein Riesenkostenposten!
Und machst Du weiter so wie hier,
sieht 's duster aus, das sag' ich Dir.
Und eins ist klar: Mein Pferd bleibt meins!"
Der Cowboy sagte nichts – nur: „Eins!"

*****

Zwei Männer ...

… jung und klug – und schlau? –
war'n Programmierer. EDV –
das war „ihr Ding", war ihre Welt,
und hier verdienten sie ihr Geld.

Sie trafen sonntagsmittags dann
einander nun im Stadtpark an.
Der eine fuhr auf einem Rad,
wie manche Frau es heute hat.

Der and're ging – wie sonst – zu Fuß.
Nach einem ersten „Grüß Dich!"-Gruß
da fragte ohne Fahrrad der:
„Nanu, wo kommt das Rad denn her?"

Sie waren nämlich manchen langen
der Wege – gut zu Fuß – gegangen.
Der zweite sprach: „Das war ein Ding!
Als eben durch den Park ich ging …

… da fuhr auf diesem Rad genau
in meine Richtung eine Frau.
Sie blickte auf und stieg dann ab,
sah klasse aus, ihr Kleid war knapp …

… geschnitten, quasi bis zum Po
gab 's nichts als schlanke Beine so.
Sie stellt' das Fahrrad ab, das Kleid –
– ein blaues war 's, – in kurzer Zeit …

… war 's ausgezogen – völlig nackt
hat sie mich dann am Arm gepackt
und rief, ich könnte alles haben,
von ihr, sie liebe kluge Knaben.

Ich fühlte mich zwar erst beklommen,
doch hab' ich dann – das Rad genommen."
Da sprach der Freund: „Und das war schlau –
was nützt' Dir auch ein Kleid in blau?!"

Zwei Freunde ...

Zwei Freunde, kürzlich ist 's geschehen,
sie hatten lang sich nicht gesehen.
Der eine wollte nach Bahrain,
der andre traf aus Hongkong ein –
er war, es war ihm anzuseh'n –
am Outfit – Flugzeugkapitän.
Sie kannten sich seit Ewigkeiten
und schwärmten flugs von alten Zeiten.

Schon strebten sie zu einer Bar,
die nahebei gelegen war.
„Wie geht 's Dir denn, was machst Du so?
Du bist doch Chef von ‚Soundso‘“,
so sprach der Flieger, dann mit Spott,
„Ihr jobbt doch für Aeroflot.“ –
„Inzwischen auch für Emirates
und auch für Bill und Linda Gates.
Die Leute brauchen halt Know-how
von uns zum Thema ‚Datenklau‘.“

So ging der Smalltalk hin und her.
„Und weißt Du noch?“ „Wie hieß denn der?“
Man schwenkte zeitlich weit zurück
alsbald – zum ersten Liebesglück.

„Ach ja, die süßen kleinen Mädchen
bei uns im süßen kleinen Städtchen."

„Und heut, mal ehrlich, apropos,
wie läuft 's in Sachen Sex denn so?" –
„Sehr gut", fuhr da der Flieger fort,
an praktisch jedem Airportort
verzehrt sich eine heiße Braut,
nach mir, die meiner Treue traut." –
„Schon klar, dass ein Pilot als Mann
bei Damen prima landen kann." –

„Und Du – wie schaut 's bei Dir so aus?" –
„Auch gut soweit! Bei mir zuhaus –
da leb' ich heute mit zwei Schwestern."
Der Chefpilot beginnt zu lästern:
„Dann gibt 's an Lust am Sex wohl keine?!"
„Wieso?" – „Na, Schwestern?!" –
„Sind nicht meine!"

*****

Und nochmals ...

… ist es so geschehen:
zwei Freunde und ein Wiedersehen.
Der eine war recht prominent
als Wissenschaftler und Dozent.
Und dennoch gab er sich bescheiden,
und jeder mochte gut ihn leiden.

So fragte er den Ander'n nun,
was ihm obläg', im Job zu tun,
er lebe doch in Libyen –
mit [i:], und nicht in „[Lü: bien]"!

„Das stimmt!" – Und ihm erzähl' er gern,
dass manchem Mann er 'was entfern',
was in der Folge dazu führte,
dass diesen gern man engagierte,
als Haremswächter, auf die „Massen"[22]
der Haremsdamen aufzupassen,
und das ein ganzes Leben lang
und gänzlich ohne Liebesdrang.

Der Wissenschaftler, irritiert,
zugleich jedoch auch interessiert,

---

22 also die Anzahl

51

der meinte, dass er gern verstehe,
wie dieser Vorgang vor sich gehe,
und ob er 's ihm erklären könne,
so dass er selbst ein Bild gewönne.

„Sehr gern! Das Ganze geht recht schnell:
Man nimmt dazu ein Stuhlgestell,
nur ohne Sitz, und im Verlauf
des Vorgangs setzt der Mann sich drauf,
der Haremswächter werden will,
mit nacktem Po, und hält dann still.

Ich trenne drauf am Körper knapp
gezielt nun jene Teile ab,
die quasi frei im Raume hängen,
auf dass sie ihn nicht mehr bedrängen –
das macht sich beinah von alleine –
mithilfe zweier Ziegelsteine.“

Der Wissenschaftler rief: „Oh je,
das tut doch sicher furchtbar weh!“ –
„Im Grunde nicht, nur höchstens dann,
sofern man Blut nicht sehen kann
und deshalb richtig hin nicht schaut
und selbst sich auf die Daumen haut.“

Letzte Worte

Verschied, wer etwas sprach, sofort
hernach, so war 's sein letztes Wort.
Mitunter kann das – höchst gemein,
makaber – ziemlich lustig sein.
In solchem Falle lugt Humor –
in tiefes Schwarz gehüllt – hervor.
So sagt ob falscher Karten Masse
final der Spieler noch: „Vier Asse!"
Es lacht der Kaufmann: „Geld zurück?
Die Garantie lief ab zum Glück!" –
Derweil das Team noch tätig ist
hoch oben auf dem Baugerüst,
ruft unten, sich am Bier erlabend,
der Maurermeister: „Feierabend!"
Es stürzt' das Pferd, dem Ziele nah,
der Reiter scherzt noch: „Hoppala!" –
Ein Auto auf der Autobahn
sieht rasend man dem nächsten nah'n.
Sein Fahrer schimpft noch: „Schlaf nicht ein!"
Was folgt, soll hier nicht Thema sein. –
Ein Schießplatz bei der Bundeswehr.
Im Glauben, dass man ‚fertig' wär' –
das Training schon beendet sei –
tritt vor ins Schussfeld sorgenfrei

mit Zigarette ein noch neuer
Soldat und bittet laut um: „Feuer!" –
Die Ampel schaltet um, und: „Grün!"
sagt ein Passant und geht dahin. –
Der Kunde durft' im Auto warten.
„Den Motor bitte einmal starten!"
so fordert der Monteur ihn auf.
So nahm das Schicksal seinen Lauf. –
Man weiß es, recht gefährlich ist
die Arbeit auf dem Dachgerüst.
So stand am First an einer Stelle,
die nah dem Rand war, ein Geselle
und rief, so lang er Zeit noch hatte,
zum Lehrling: „Vorsicht mit der Latte!"
„Die Frau bedeutet mir doch nichts!"
so rief der Gattin angesichts
der selten treue Ehemann –
und starrte den Revolver an. –
Der Tankwart zog den Stutzen raus
und rief erschrocken: „Kippe aus!" –
Im Rund ertönt Ravels „Boléro".
„Olé!" ruft grad noch der Torrero. –
„Bei Strom ist höchste Vorsicht Pflicht!"
„No problem!" sagt der Lehrling schlicht. –
Die Mischung war ihm nicht bekannt –
er rief noch: „Upps!" – der Chemikant.